Pebble® Plus
Bilingüe/Bilingual

Ciencia física/Physical Science

El poder de la energía /
The Power of Energy

por/by Rebecca Weber

CAPSTONE PRESS
a capstone imprint

Pebble Plus is published by Capstone Press,
151 Good Counsel Drive, P.O. Box 669, Mankato, Minnesota 56002.
www.capstonepub.com

Library of Congress Cataloging-in-Publication Data
Weber, Rebecca.
 [Power of energy. Spanish & English]
 El poder de la energía = The power of energy / por Rebecca Weber.
 p. cm.—(Pebble plus bilingüe. Ciencia física = Pebble plus bilingual. Physical science)
 Includes index.
 Summary: "Simple text and color photographs introduce kinds of energy, including wind power, water power, and solar
power—in both English and Spanish"—Provided by publisher.
 ISBN 978-1-4296-6907-8 (library binding)
 1. Power resources—Juvenile literature. I. Title. II. Title: Power of energy.
 TJ163.23.W43318 2012
 621.042—dc22   2011000626

Editorial Credits
Gillia Olson, editor; Strictly Spanish, translation services; Veronica Correia, designer; Danielle Ceminsky, bilingual book
      designer; Eric Gohl, media researcher; Laura Manthe, production specialist

Photo Credits
AP Images/College of Wooster, Matt Dilyard, cover
Capstone Studio/Karon Dubke, 20–21 (all)
Shutterstock/Duncan Gilbert, 9; Eric Gevaert, 1; GorillaAttack, 11; John Brueske, 17; Scott Prokop, 19; slavcic, 13;
      Tomasz Szymanski, 5; T.W. van Urk, 15; Yellowj, 7

Note to Parents and Teachers

The Ciencia física/Physical Science series supports national standards related to physical
science. This book describes and illustrates energy in both English and Spanish. The images
support early readers in understanding the text. The repetition of words and phrases helps early
readers learn new words. This book also introduces early readers to subject-specific vocabulary
words, which are defined in the Glossary section. Early readers may need assistance to read
some words and to use the Table of Contents, Glossary, Internet Sites, and Index sections of
the book.

Printed in the United States of America in North Mankato, Minnesota.
032011
006110CGF11

Table of Contents

Tabla de contenidos

What Is Energy?

For breakfast you ate a waffle and drank a glass of milk. Later this food will give you the energy to swing a bat. Energy is the ability to do work.

¿Qué es la energía?

Como desayuno, tú comiste un waffle y bebiste un vaso de leche. Más tarde, estos alimentos te darán energía para batear. La energía es la capacidad de hacer trabajo.

Your body isn't the only

thing that needs energy.

Energy heats your home.

It makes trucks and cars go.

Energy comes in many forms.

Tu cuerpo no es el único que

necesita energía. La energía

calienta tu hogar. Hace que

los camiones y automóviles

funcionen. La energía viene

en muchas formas.

Solar Energy

Long ago, people learned that the sun was powerful. They built their homes so the sun could keep them warm in winter.

Energía solar

Hace mucho tiempo, las personas aprendieron que el Sol era muy poderoso. Ellas construían sus casas de manera que el Sol las mantuviese calientes durante el invierno.

Today people still use the sun's energy. They collect solar energy with solar panels to create electricity. Electricity powers your TV and computer.

Hoy las personas aún usan la energía del Sol. Ellas recolectan la energía solar con paneles solares para crear electricidad. La electricidad hace funcionar tu TV y tu computadora.

Wind Power

Long ago, people used wind to turn windmills. The mills pumped water out of wells. People also used wind to push sailboats across the water.

Energía del viento

Hace mucho tiempo, las personas usaban el viento para hacer girar los molinos. Los molinos bombeaban agua de los pozos. La gente también usó el viento para empujar veleros a través del agua.

Today people still use wind energy. When wind turns modern windmills, it makes electricity for people's homes.

Aún hoy la gente utiliza la energía del viento. Cuando el viento mueve los molinos de viento modernos, se produce electricidad para el hogar de las personas.

Water Power

People have used river water to travel for thousands of years. Rushing water also turned water wheels. The wheels then moved stones to grind corn.

Energía del agua

Las personas han usado el agua de los ríos para viajar por miles de años. El torrente de las aguas también movía ruedas de agua. Las ruedas luego movían piedras para moler maíz.

water wheel/rueda de agua

Today people still use energy from water. It's called hydroelectric power. In dams moving water turns turbines to make electricity.

Aún hoy la gente utiliza energía del agua. Se llama energía hidroeléctrica. En los diques, el agua que circula hace funcionar turbinas para crear electricidad.

Capture Solar Energy/Captura energía solar

What You Need/Necesitas

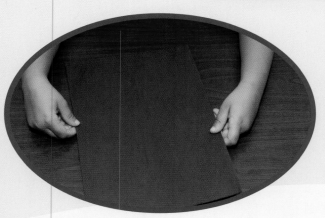

- a bright, sunny window/
  una ventana con mucho sol

- a black piece of cloth/
  un pedazo de tela negra

1

Feel the black cloth. Remember how hot or cold it feels. Then put the black cloth in a sunny place next to the window.

Toca el pedazo de tela negra. Recuerda qué caliente o fría se siente. Luego, coloca la tela negra en un lugar soleado cerca de una ventana.

2

Let it stay there for 10 minutes.

Déjala ahí por 10 minutos.

3 Take the cloth back to your desk.

Lleva de vuelta la tela a tu escritorio.

Feel the cloth.
It's warmer.
It's giving off
solar energy.

Toca la tela.
Está más caliente.
Está dando
energía solar.

4

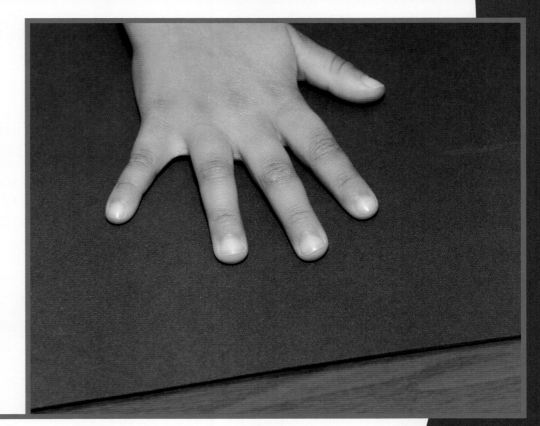

Glossary

dam—something that stops water from flowing, causing it to back up and make a pool

electricity—a form of energy caused by the movement of very tiny particles

hydroelectric power—energy that is made by flowing water and turned into electricity

solar—having to do with the sun

turbine—an engine powered by steam, water, or gas

well—a deep hole drilled to get to water

Internet Sites

FactHound offers a safe, fun way to find Internet sites related to this book. All of the sites on FactHound have been researched by our staff.

Here's all you do:

Visit *www.facthound.com*

Type in this code: 9781429669078

Super-cool stuff! Check out projects, games and lots more at **www.capstonekids.com**

Glosario

el dique—algo que detiene la circulación del agua, causando que se acumule y se haga una piscina

la electricidad—una forma de energía causada por el movimiento de pequeñas partículas

la energía hidroeléctrica—energía que se produce por el flujo del agua y se convierte en electricidad

el pozo—un agujero profundo excavado para obtener agua

solar—relacionado al Sol

la turbina—un motor energizado por vapor, agua o gas

Sitios de Internet

FactHound brinda una forma segura y divertida de encontrar sitios de Internet relacionados con este libro. Todos los sitios en FactHound han sido investigados por nuestro personal.

Esto es todo lo que tienes que hacer:

Visita *www.facthound.com*

Ingresa este código: 9781429669078

¡Algo súper divertido! Hay proyectos, juegos y mucho más en **www.capstonekids.com**

23

Index

Índice